COMO SOU

COMO SOU

THIAGO DE MELLO

ILUSTRAÇÕES
LUCIANO TASSO

São Paulo
2013

global EDITORA

1ª Edição, Global Editora, São Paulo 2013

- Jefferson L. Alves
  Diretor Editorial
- Cecilia Reggiani Lopes
  Seleção e edição
- Flávio Samuel
  Gerente de Produção
- Sandra Regina Fernandes
  Coordenação Editorial
- Juliana Alexandrino
  Assistente Editorial
- Luciano Tasso
  Ilustrações
- Tathiana A. Inocêncio
  Projeto Gráfico

CIP-BRASIL. Catalogação na publicação
Sindicato Nacional dos Editores de Livros, RJ

M482c

Mello, Thiago de, 1926-
Como sou / Thiago de Mello. – 1. ed. – São Paulo : Global, 2013. 104 p.

ISBN 978-85-260-1936-2

1. Poesia brasileira. I. Título.

13-03209 CDD: 869.91
CDU: 821.134.3(81)-1

Global Editora e Distribuidora Ltda.
Rua Pirapitingui, 111 — Liberdade
CEP 01508-020 — São Paulo — SP
Tel.: (11) 3277-7999 — Fax: (11) 3277-8141
e-mail: global@globaleditora.com.br
www.globaleditora.com.br

Obra atualizada conforme o **Novo Acordo Ortográfico da Língua Portuguesa**

Nº de Catálogo: **3440**

Sumário

1

Sugestão

Antes que venham ventos e te levem
do peito o amor — este tão belo amor,
que deu grandeza e graça à tua vida —,
faze dele, agora, enquanto é tempo,
uma cidade eterna — e nela habita.

Uma cidade, sim. Edificada
nas nuvens, não — no chão por onde vais,
e alicerçada, fundo, nos teus dias,
de jeito assim que dentro dela caiba
o mundo inteiro: as árvores, as crianças,
o mar e o sol, a noite e os passarinhos,
e sobretudo caibas tu, inteiro:
o que te suja, o que te transfigura,
teus pecados mortais, tuas bravuras,
tudo afinal o que te faz viver
e mais o tudo que, vivendo, fazes.

Ventos do mundo sopram; quando sopram,
ai, vão varrendo, vão, vão carregando
e desfazendo tudo o que de humano
existe erguido e porventura grande,
mas frágil, mas finito como as dores,
porque ainda não fincado — qual bandeira

feita de sangue, sonho, barro e cântico —
no próprio coração da eternidade.
Pois de cântico e barro, sonho e sangue,
faze de teu amor uma cidade,
agora, enquanto é tempo.

Uma cidade
onde possas cantar quando o teu peito
parecer, a ti mesmo, ermo de cânticos;
onde possas brincar sempre que as praças
que percorrias, dono de inocências,
já se mostrarem murchas, de gangorras
recobertas de musgo, ou quando as relvas
da vida, outrora suaves a teus pés,
brandas e verdes já não se vergarem
à brisa das manhãs.

Uma cidade
onde possas achar, rútila e doce,
a aurora que na treva dissipaste,
onde possas andar como uma criança
indiferente a rumos: os caminhos,
gêmeos todos ali, te levarão
a uma ventura só — macia, mansa —
e hás de ser sempre um homem caminhando
ao encontro da amada, a já bem-vinda
mas, porque amada, segue a cada instante
chegando — como noiva para as bodas.

Dono do amor, és servo. Pois é dele
que o teu destino flui, doce de mando:
A menos que este amor, conquanto grande,
seja incompleto. Falte-lhe talvez
um espaço, em teu chão, para cravar
os fundos alicerces da cidade.

Ai de um amor assim, vergado ao vínculo
de tão amargo fado: o de albatroz
nascido para inaugurar caminhos
no campo azul do céu e que, entretanto,
no momento de alçar-se para a viagem,
descobre, com terror, que não tem asas.

Ai de um pássaro assim, tão malfadado
a dissipar no campo exíguo e escuro
onde residem répteis: o que trouxe
no bico e na alma — para dar ao céu.

É tempo. Faze
tua cidade eterna, e nela habita:
antes que venham ventos, e te levem
do peito o amor — este tão belo amor
que dá grandeza e graça à tua vida.

As ensinanças da dúvida

Tive um chão (mas já faz tempo)
todo feito de certezas
tão duras como lajedos.

Agora (o tempo é que o fez)
tenho um caminho de barro
umedecido de dúvidas.

Mas nele (devagar vou)
me cresce funda a certeza
de que vale a pena o amor.

A vida verdadeira

Pois aqui está a minha vida.
Pronta para ser usada.

Vida que não se guarda
nem se esquiva, assustada.
Vida sempre a serviço
                    da vida.
Para servir ao que vale
a pena e o preço do amor.

Ainda que o gesto me doa,
não encolho a mão: avanço
levando um ramo de sol.
Mesmo enrolada de pó,
dentro da noite mais fria,
a vida que vai comigo
                    é fogo:
está sempre acesa.

Vem da terra dos barrancos
o jeito doce e violento
da minha vida: esse gosto
da água negra transparente.

A vida vai no meu peito,
mas é quem vai me levando:
tição ardente velando,
girassol na escuridão.

Carrego um grito que cresce
cada vez mais na garganta,
cravando seu travo triste
na verdade do meu canto.

Canto molhado e barrento
de menino do Amazonas
que viu a vida crescer
nos centros da terra firme.
Que sabe a vinda da chuva
pelo estremecer dos verdes
e sabe ler os recados
que chegam na asa do vento.
Mas sabe também o tempo
da febre e o gosto da fome.

Nas águas da minha infância
perdi o medo entre os rebojos.
Por isso avanço cantando.

Estou no centro do rio,
estou no meio da praça.
Piso firme no meu chão,
sei que estou no meu lugar,

como a panela no fogo
e a estrela na escuridão.
O que passou não conta?, indagarão
as bocas desprovidas.
Não deixa de valer nunca.
O que passou ensina
com sua garra e seu mel.

Por isso é que agora vou assim
no meu caminho. Publicamente andando.

Não, não tenho caminho novo.
O que tenho de novo
é o jeito de caminhar.
Aprendi
(o caminho me ensinou)
a caminhar cantando
como convém a mim
e aos que vão comigo.
Pois já não vou mais sozinho.

Aqui tenho a minha vida:
feita à imagem do menino
que continua varando
os campos gerais
e que reparte o seu canto
como o seu avô
repartia o cacau
e fazia da colheita
uma ilha de bom socorro.

Feita à imagem do menino
mas à semelhança do homem:
com tudo que ele tem de primavera
de valente esperança e rebeldia.

Vida, casa encantada,
onde eu moro e mora em mim,
te quero assim verdadeira
cheirando a manga e jasmim.
Que me sejas deslumbrada
como ternura de moça
rolando sobre o capim.

Vida, toalha limpa,
vida posta na mesa,
vida brasa vigilante
vida pedra e espuma,
alçapão de amapolas,
o sol dentro do mar,
estrume e rosa do amor:
a vida.
Mas é preciso merecer a vida.

Santiago do Chile,
inverno de 1964

A multidão desabraçada

Não de derredor e do bosque
mas na memória do Anjo,
chegam as vozes de crianças
cantando de solidão.
E quando um vinco amargoso
lhe fere a fronte, num salto
ele se ergue e avança inteiro
rumo às fronteiras da rosa.
Chega e descobre o que existe
próximo e além de seus muros.

Em torno do bosque
vive a multidão
dos desabraçados.
São homens, mulheres,
de angústia nos olhos
desvario nas frontes,
da carne a loucura,
nos corpos o fogo
que os une e desune
e logo os abraça,
depois os divide,
de novo os reúne,
até que se afoguem
em lagos de cinza.

E após cada abraço
se encontram mais sós,
se sentem mais poeira,
até que se vergam
e caem, prostrados
ao peso da enorme,
feroz solidão
que morde, mastiga
e vai devorando
os restos de paz
ocultos na sombra
da carne saciada.

São machos e fêmeas,
são pertos do bosque,
contudo tão longe.

São feras em pânico
no fulcro de incêndios.
Nenhum se pertence
a si nem a outrem,
são todos de todos,
ninguém de ninguém.

As bocas se abraçam,
mas sempre sem beijo,
as mãos se entrelaçam,
mas não se conhecem.

À carne o que conta
é ter-se em abraço
de carne qualquer.

Os dois só se valem
enquanto abraçados,
efêmero abraço
de corpos sem corpo.

A pele não conta
segredo à outra pele,
os olhos se cruzam
e logo se afastam,
de brilhos transversos.

São corpos radiosos,
mas fazem da carne
abismo profundo
entre homem e rosa.

São desabraçados,
e jamais pressentem
que o corpo é caminho.

2

Um favo para a Isabella

Levo o teu riso, canção
no escuro, rosa de mel.
Te deixo a prenda de um sol:
meu amor contra a injustiça.
Te vai ser doce este favo
que agora me sabe a fel.

Campina e janela

Pra esperança pequenina
da minha filha Isabella,
estendo aqui uma campina
em frente de sua janela:
Isabella, bela, bela,
tu vais ver o que virá.

Encontro com o pai

Os olhos, no pai,
serenos eu ponho.
E vejo-lhe o rosto
que acusa os sinais
de outono e de chuva.
Mas também lhe vejo
no olhar um clarão.
É a chama, suponho,
de fogo divino
que todos retemos,
dormido, porém.

Indago ao passado
do rosto presente:
e o vejo, severo,
buscando caminhos
em mapas já rotos.
Meus olhos adultos,
de longe tornados,
agora fronteio
aos olhos do pai:
e noto a profunda,
antiga ternura
e velhos carinhos
jamais transmitidos

ali acumulados.
E neles descubro
desvelo, talvez,
mas áspero o meio
capaz de expressá-lo.

Meus olhos fronteiros
aos olhos do pai
descobrem-se pobres
de língua comum,
e tristes prosseguem
apenas fronteiros.

Buscamos palavras
que possam contar
de nossos ofícios.
Mas todas, embora
do fundo nascidas,
resvalam, deslizam
por sobre a camada
de tempo e distância
que agora nos cobre
— e tombam sem fruto.

E sentindo que o elo
tão rijo do sangue
revela-se débil
para abrir as sílabas
secretas do amor,

então preferimos
manter um diálogo
em árdua linguagem
que atinge, em silêncio,
o sítio furtivo
que dela carece,
lá dentro do peito.

Enfim conseguida
a estranha conversa
que fere e conforta,
meus olhos retiro
do rosto do pai.
E sigo sozinho:
no pai a esperança
de um terno carinho.

Manaus, 1952.

O meu filho morreu de madrugada.
Ele era como um girassol vermelho
como um cavalo sempre de perfil
uma avestruz que recusava a areia
a tulipa gelada num vulcão.
Tinha medo de ser um companheiro,
tinha espinhas lilases na garganta
e uma vontade que lhe anoitecia
de romper o segredo dos cristais.
Mas era um curió quando a manhã
chegava nas subidas da montanha
recobertas de um musgo imperdoável.
O meu filho está morto aqui a meu lado:
as estrelas que pulam dos seus olhos
iluminam os meus erros mais antigos.
Mas do seu tornozelo se ergue um canto
que me apazigua, porque mostra os pregos
que lhe foram fincados pelas águas
que navegamos cegos e abraçados
como se abraçam pássaros fugindo.

No sol do
Amazonas, 1979.

O açude

Não sei nem jamais
saberei o nome
(se acaso tem nome)
do bicho que dorme
no escuro do açude
sem fundo que sou.
Nascido, senão
comigo, de mim,
é um bicho, ou como
se fosse; e que dorme.
Nem sempre ele dorme.
Talvez o agasalhem,
de sono enrolado,
as mais fundas águas
que em minha alma dormem:
— as águas e o bicho,
num sono só, feito
de grávidos nadas
espessos e imóveis.
Mas nem sempre imóveis.
Um dia estremecem:
sem causa, e de súbito,
um tremor percorre,
longínquo, levíssimo,
o nervo das águas,

— essas águas fundas
que enrolam, dormidas,
o sono do bicho,
que já não é sono:
mal findo o arrepio,
começa a lavrar
o incêndio no açude.

3

Num campo de margaridas

Sonhei que estavas dormindo
num campo de margaridas
sonhando que me chamavas,
que me chamavas baixinho
para me deitar contigo
num campo de margaridas.
No sonho ouvia o meu nome
nascendo como uma estrela,
como um pássaro cantando.

Mas eu não fui, meu amor,
que pena!, mas não podia,
porque eu estava dormindo
num campo de margaridas
sonhando que te chamava
que te chamava baixinho
e que em meu sonho chegavas,
que te deitavas comigo
e me abraçavas macia
num campo de margaridas.

Defronte do Atlântico
Primavera, 86

As dádivas guardadas

De tudo quanto me trouxeste à vida
— aonde chegaste como chega um pássaro
grande e cantando a um campo triste
                    — eu guardo
o teu riso chegando e me esgarçando
a tristeza e esgarçando, de tão doce,
as brisas que passeavam pela noite
subitamente transformada em dia.

Guardo portanto a aurora. Guardo a infância
redescoberta em mim por tuas mãos,
sepulta que ela estava sob sombras.
Guardo o primeiro cântico de amor
que me fizeste florescer ao peito;
a dança do carinho que pousaste
pela primeira vez nas águas ermas
do açude fundo e velho dos meus olhos.

Guardo o meu nome escrito na ternura
de tua voz e guardo a tua voz
no recado do eterno que me deste.
Guardo a poesia de passear contigo,
o teu braço no meu, pelas manhãs,

e guardo o roçagar das tuas roupas,
desfraldadas aos ventos que inventei.

De tudo o que me deste, guardo — e guardo
como quem guarda o sangue com que nasce —
a alegria a bailar nas madrugadas
cheias de um sol que esplende em tua boca;
o silêncio ofegante da entressombra
envolvendo, amorosa, os nossos corpos
tão companheiros em perene abraço,
como outrora jamais eu pressentira,
feito de corpo e coração.

Eu guardo
as bandeiras que ergueste, balizando
o meu caminho torto, e as esperanças
— as esperanças todas: a da casa
simples e grande e cheia de crianças,
guardada e resguardada pelo amor.

De tudo quanto me trouxeste à vida,
guardo-te o amor: como quem guarda o mar,
um mar alado, um mar feito de pássaros
voando, voando. Assim te guardo o amor:
como quem guarda o mar dentro do peito.

Só agora aprendi
que amar é ter e reter.
Foi quando te vi.

Sal de tantas perdas
cegou a luz do meu chão.
Trouxeste as estrelas.

Te amar (estremeço)
me leva perto de Deus.
De repente O mereço.

Não sei quando é o mar,
ou se é o sol dos teus cabelos.
Tudo são funduras.

Todas da razão,
as palavras sábias calam.
Fala o coração.

Acho o meu caminho
quando a mão dela me leva.
Não sou mais sozinho.

Quem todo não se dá
a cada instante — um dia
amanhece sem nada.

Amor não se agradece.
Quem dá o que canta lá dentro
do coração — se enriquece.

Terceto de amor

Sirva o meu amor de voo.
Sirva a tua vida inteira
de azul.

Eu sirvo de pássaro.

Ч

Quando a verdade for flama

As colunas da injustiça
sei que só vão desabar
quando o meu povo, sabendo
que existe, souber achar
dentro da vida, o caminho
que leva à libertação.
Vai tardar, mas saberão
que esse caminho começa
na dor que acende uma estrela
no centro da servidão.
De quem já sabe, o dever
(luz repartida) é dizer.
Quando a verdade for flama
nos olhos da multidão.
O que em nós hoje é palavra
no povo vai ser ação.

Rio de Janeiro, 1980.

A verdade

A verdade é a luz pequena
ardendo na escuridão.
Da terra, ela nasce e cresce
de vida, na tua mão.
Quem a encontra, gasta um rio
de palavras, inaugura
braços e barcos, mostrando.
Ninguém a vê. De repente,
é um sol imenso no peito
da multidão: é a verdade
no centro do seu poder.
Mas ela também se acaba.
E quando se acaba
é uma brasa oca, faminta,
devorando o coração.

É preciso fazer alguma coisa

Escrevo esta canção porque é preciso.
Se não a escrevo, falho com o pacto
que tenho abertamente com a vida.
E é preciso fazer alguma coisa
para ajudar o homem.
                    Mas agora.
Cada vez mais sozinho e mais feroz,
a ternura extraviada de si mesma,
o homem está perdido em seu caminho.
É preciso fazer alguma coisa
para ajudá-lo. Ainda é tempo.
                              É tempo.
Apesar do próprio homem, ainda é tempo.
Apesar dessa crosta que cultivas
com amianto e medo, ainda é tempo.
Apesar da reserva delicada
das toneladas cegas mas perfeitas
de TNT pousado sobre o centro
de cada coração — ainda é tempo.

No Brasil, lá na Angola, na Alemanha,
na ladeira mais triste da Bolívia,
nessa poeira que embaça a tua sombra,
na janela fechada, no mar alto;

no Próximo Oriente e no Distante,
na nova madrugada lusitana
e na avenida mais iluminada
de New York. No Cuzco desolado
e nas centrais atômicas atônitas,
em teu quarto e nas naves espaciais
— é preciso ajudá-lo.
Nas esquinas
onde se perde o amor publicamente,
nas cantigas guardadas no porão,
nas palavras escritas com acrílico,
quando fazes o amor para ti mesmo.
Na floresta amazônica, nas margens
do Sena, e nos dois lados deste muro
que atravessa a esperança da cidade
onde encontrei o amor
— o homem está
ficando seco como um sapo seco
e a sua casa já se transformou
em apenas local de seu refúgio.

Lá na Alameda de Bernardo O'Higgins
e no sangue chileno que escorria
dos corpos dos obreiros fuzilados,
levados para a fossa em caminhões
pela ferocidade que aos domingos
sabe se ajoelhar e cantar salmos.
Lá na terra marcada como um boi
pela brasa voraz do latifúndio.

Dentro do riso torto que disfarça
a amargura da tua indiferença,
na mágica eletrônica dourada,
no milagre que acende os altos-fornos,
no desamor das mãos, das tuas mãos,
no engano diário, pão de cada noite,
o homem agora está, o homem autômato,
servo soturno do seu próprio mundo,
como um menino cego, só e ferido,
dentro da multidão.
Ainda é tempo
Sei porque canto: se raspas o fundo
do poço antigo de sua esperança,
acharás restos de água que apodrece.
É preciso fazer alguma coisa,
livrá-lo dessa sedução voraz
da engrenagem organizada e fria
que nos devora a todos a ternura,
a alegria de dar e receber,
o gosto de ser gente e de viver.

É preciso ajudar.
Porém primeiro,
para poder fazer o necessário,
é preciso ajudar-me, agora mesmo,
a ser capaz de amor, de ser um homem.
Eu que também me sei ferido e só,
mas que conheço este animal sonoro
que profundo e feroz reina em meu peito.

Alemanha, setembro, 1974.

O coração latino-americano

Incas, ianomamis, tiahuanacos, aztecas,
mayas, tupis-guaranis, a sagrada intuição
das nações mais saudosas. Os resíduos.
A cruz e o arcabuz dos homens brancos.
O assombro diante dos cavalos,
a adoração dos astros.
Uma porção de sangues abraçados.
Os heróis e os mártires que fincaram no
        tempo
a espada de uma pátria maior.
A lucidez do sonho arando o mar.
As águas amazônicas, as neves da
        cordilheira.
O quetzal dourado, o condor solitário,
o uirapuru da floresta, canto de todos os
        pássaros.
A destreza felina das onças e dos pumas.
Rosas, hortênsias, violetas, margaridas,
flores e mulheres de todas as cores,
todos os perfis. A sombra fresca
das tardes tropicais. O ritmo pungente,
rumba, milonga, tango, marinera,
        samba-canção.
O alambique de barro gotejando

a luz ardente do canavial.
O perfume da floresta que reúne,
em morna convivência, a árvore altaneira
e a planta mais rasteirinha do chão.
O fragor dos vulcões, o árido silêncio
do deserto, o arquipélago florido,
a pampa desolada, a primavera
amanhecendo luminosa nos pêssegos e nos
jasmineiros,
a palavra luminosa dos poetas,
o sopro denso e perfumado do mar,
a aurora de cada dia, o sol e a chuva
reunidos na divina origem do arco-íris,
Cinco séculos árduos de esperança.
De tudo isso, e de dor, espanto e pranto,
para sempre se fez, lateja e canta
o coração latino-americano.

Iniciação do prisioneiro

*(Poema escrito a 21 de novembro de 1965,
numa cela do Quartel da Polícia do Exército,
no Rio de Janeiro, ao qual o autor foi recolhido
por haver participado de uma manifestação
contra a ditadura, em frente ao Hotel Glória,
no instante mesmo em que ali chegava o
ditador para inaugurar a Conferência da OEA.
Desse protesto participaram, entre outros,
os companheiros Antônio Callado, Jayme
de Azevedo Rodrigues, Carlos Heitor Cony,
Márcio Moreira Alves, Flávio Rangel, Glauber
Rocha, Joaquim Pedro de Andrade e Mário
Carneiro, todos eles presos — e aos quais é
dedicado este poema.)*

É preciso que Amor seja a primeira
palavra a ser gravada nesta cela.
Para servir-me agora e companheira
seja amanhã de quem precise dela.

Não sei o que vai vir, mas se desprende
dessa palavra tanta claridão,
que com poder de povo me defende
e me mantém erguido o coração.

No muro sujo, Amor é uma alegria
que ninguém sabe, livre e luminosa
como as lanças de sol da rebeldia,
que é amor, é brasa e de repente é rosa.

É natural, mas fede

Tudo é muito natural. É como o mar
noturno, as ondas vão, as ondas vêm.
É como a cotidiana hipocrisia,
eu nem sei mais como se diz bom dia.
É como o beija-flor querendo o sumo
da flor que entrega sem saber que dá.
É a gaivota planando, é natural,
o peixe que ela viu já foi-se embora,
desesperança alada, de perfil.
De frente é o olhar, que logo se desvia,
da legião deserdada, é natural.
É a cascata descendo, é o girassol
humilde na esperança de uma luz
que lhe brinde o favor da poluição.
É tudo, tudo, muito natural.
A paloma cagando na cabeça
da princesa esculpida em solidão.
É como aquela antiga mão do índio
que eu vi tremendo na perfuratriz
num socavão da mina boliviana.
É como a história natural das águas
que fazem dos rebojos o mau fim
dos homens que perseguem seringueiras,
destino duro do meu tio Joaquim.
É tudo natural na Venezuela:

o povo come ardências de óleo sujo
enquanto as autopistas te deslumbram
e forjas teorias on the rocks.
A solidariedade se transforma
em favor, os crimes em memória,
ninguém mais se comove e se acostuma
à dor da mordidura em pleno peito.
Quero voltar pro morro, é natural,
pois lá é que estão as curvas da chinela
da morena que um dia, fatigada,
queria mais, que eu fosse dentro dela,
como um rei, um brinquedo, uma agonia,
e então nós fomos juntos sendo a vida,
mas de repente a morte, é natural.
Tudo é tão natural, é como o céu
estrelado demais da minha terra
cobrindo o sonho opaco de um menino
— mordido de carapanã, caralho! —
que sequer sabe onde começa a fome.
As vozes do Salgueiro, na avenida,
porta-estandarte verde, me perguntam:
— E você sabe onde termina o céu?
E você sabe onde termina a terra?
E você sabe onde termina o mar?
Canto que não, naturalmente não.
Tenho muitos mistérios misturados,
curtidos em salmoura fedorenta.
Alguns serão matéria de mercado,
como o meu coração que, tantas vezes,
exposto esteve em campo de amapolas,

mas nunca foi comprado, é natural.
Outros serão caterva de alçapões:
químico, turvo, o mundo me penetra
pelos poros mais podres, me rebelo,
não posso me entregar. Homem do Atlântico
pasto da luz latino-americana,
conheço a petroquímica ao reverso:
um fogo que se entrega à atmosfera,
fedento triste e inútil, enquanto hormônios,
enquanto pernas, enquanto fervores,
na solidão soturna das cidades,
na entressombra dourada das favelas,
se abraçam procurando a primavera
numa chama que nunca vai jamais
erguer a liberdade, é natural,
desse escuro porão, refúgio do homem,
mordido pelo sol do escorpião.

Mainz, Alemanha,
1974 se acabando.

Os estatutos do homem

(Ato Institucional Permanente)

A Carlos Heitor Cony

Artigo I.
Fica decretado que agora vale a verdade,
que agora vale a vida,
e que de mãos dadas,
trabalharemos todos pela vida verdadeira.

Artigo II.
Fica decretado que todos os dias da
[semana,
inclusive as terças-feiras mais cinzentas,
têm direito a converter-se em manhãs de
[domingo.

Artigo III.
Fica decretado que, a partir deste instante,
haverá girassóis em todas as janelas,
que os girassóis terão direito
a abrir-se dentro da sombra;
e que as janelas devem permanecer, o dia
[inteiro,
abertas para o verde onde cresce a
[esperança.

Artigo IV.

Fica decretado que o homem
não precisará nunca mais
duvidar do homem.
Que o homem confiará no homem
como a palmeira confia no vento,
como o vento confia no ar,
como o ar confia no campo azul do céu.

Parágrafo Único:

O homem confiará no homem
como um menino confia em outro menino.

Artigo V.

Fica decretado que os homens
estão livres do jugo da mentira.
Nunca mais será preciso usar
a couraça do silêncio
nem a armadura de palavras.
O homem se sentará à mesa
com seu olhar limpo
porque a verdade passará a ser servida
antes da sobremesa.

Artigo VI.

Fica estabelecida, durante dez séculos,
a prática sonhada pelo profeta Isaías,
e o lobo e o cordeiro pastarão juntos
e a comida de ambos terá o mesmo gosto
[de aurora.

Artigo VII.

Por decreto irrevogável fica estabelecido
o reinado permanente da justiça e da
[claridade,
e a alegria será uma bandeira generosa
para sempre desfraldada na alma do
[povo.

Artigo VIII.

Fica decretado que a maior dor
sempre foi e será sempre
não poder dar-se amor a quem se ama
e saber que é a água
que dá à planta o milagre da flor.

Artigo IX.

Fica permitido que o pão de cada dia
tenha no homem o sinal de seu suor.
Mas que sobretudo tenha sempre
o quente sabor da ternura.

Artigo X.

Fica permitido a qualquer pessoa,
a qualquer hora da vida,
o uso do traje branco.

Artigo XI.

Fica decretado, por definição,
que o homem é um animal que ama
e que por isso é belo,
muito mais belo que a estrela da manhã.

Artigo XII.

Decreta-se que nada será obrigado nem
[proibido,
tudo será permitido,
inclusive brincar com os rinocerontes
e caminhar pelas tardes
com uma imensa begônia na lapela.

Parágrafo Único:

Só uma coisa fica proibida:
amar sem amor.

Artigo XIII.

Fica decretado que o dinheiro
não poderá nunca mais comprar
o sol das manhãs vindouras.
Expulso do grande baú do medo,
o dinheiro se transformará em uma espada
[fraternal
para defender o direito de cantar
e a festa do dia que chegou.

Artigo Final.

Fica proibido o uso da palavra liberdade,
a qual será suprimida dos dicionários
e do pântano enganoso das bocas.
A partir deste instante
a liberdade será algo vivo e transparente
como um fogo ou um rio,

e a sua morada será sempre
o coração do homem.

Santiago do Chile,
abril de 1964

5

Milagre pelo avesso

Freguesia do Andirá,
no coração da floresta.
O pedaço do planeta
onde me penetra paz
feita de água, verde e vento,
pássaros, nuvens alvíssimas,
corpos sólidos imóveis,
olhos imensos de espanto.

Freguesia do Andirá,
amor que lanha o meu peito.
Morada de gente triste,
desvalida e conformada
ao gosto insosso da vida.
E contudo solidária:
reparte o manjericão,
traz de presente uma flor,
sabe curar mau-olhado,
tirar a desmentidura,
e ver a boca do lago
dentro da noite de breu.

Freguesia, árvore humana,
carregadinha de crianças,
frutas de seiva travosa.

Haja peixe, o rio é bom,
só escasseia pela cheia.
Haja maniva na roça,
esperança de farinha,
o inverno chega e se acaba.

Freguesia do Andirá.
Meu verso inútil não lava
minha mágoa sem valia.
Quando hoje cheguei na beira
(varei águas tormentosas),
soube que a doce menina,
a que brincava comigo
e me inventava de criança,
se acabou, mal de febrão.

(Voa e pousa na palmeira,
asas tremendo, o gavião.)

Manhã de julho de 1998

Como um rio

Para o André

Ser capaz, como um rio
que leva sozinho
a canoa que se cansa,
de servir de caminho
para a esperança.
E de lavar do límpido
a mágoa da mancha,
como o rio que leva
e lava.

Crescer para entregar
na distância calada
um poder de canção,
como o rio decifra
o segredo do chão.

Se tempo é de descer,
reter o dom da força
sem deixar de seguir.
E até mesmo sumir
para, subterrâneo,
aprender a voltar
e cumprir, no seu curso,
o ofício de amar.

Como um rio, aceitar
essas súbitas ondas
feitas de águas impuras
que afloram a escondida
verdade nas funduras.

Como um rio, que nasce
de outros, saber seguir
junto com outros sendo
e noutros se prolongando
e construir o encontro
com as águas grandes
do oceano sem fim.

Mudar em movimento,
mas sem deixar de ser
o mesmo ser que muda.
Como um rio.

Na Freguesia do Andirá,
janeiro de 1981

Da eternidade

Da eternidade venho. Dela faço
parte, desde o começo da vida
dos que me fizeram ser
até chegar ao que sou.
Transporto com a minha vida
a eternidade no tempo.
Menino deslumbrado com as águas,
os ventos, as palmeiras, as estrelas,
prolonguei sem saber a eternidade
que neste instante navega
no meu sangue fatigado.

Santiago, 93.

6

Na manhã do milênio

De que valeu o assombro indignado
e esta perseverança que me acende
em pleno dia a estrela que me guia,
seguro do meu chão e do meu sonho?

De que valeram todos os prodígios
da ciência mergulhando na espessura
mais escura do espaço e dominar
jamais imaginadas vastidões
para encontrar a luz fossilizada?

De que valeu meu passo peregrino
pelo tempo, meu canto solidário,
a entrega ardente, a dor desmerecida,
o viver afastado do meu povo,
só porque desfraldei em plena praça
a bandeira do amor?

Do que valeu,
se hoje, manhã deste milênio novo,
avança, imensa e escura, bem na fronte,
a marca suja da miséria humana
gravada em cinza pela indiferença
dos que pretendem donos ser da vida;
calada avança uma legião de crianças

deserdadas do pão e todavia
capazes de sorrir: maior milagre
do século perverso que findou?

De que valeram todas as palavras
que proferi na treva da esperança?
Tão pouco, talvez nada. Não consola
saber que fiz, que fiz a minha parte,
que reparti com tantos o diamante,
e olhei de frente o sol para aprender
que tudo vale a pena quando a alma
não é pequena.

Não sei o tamanho
da minha alma. Só sei que vou varando
o fim do rio, posso discernir
a margem que me chama. Obstinado,
confiante sigo o cântico distante
da estrela alucinante. Que destino
de estrela é o de brilhar e, mesmo extinta,
fulgurante perdura sobre os homens.

Na travessia do rio

Posso dizer: preparado
para atravessar o rio.
Lá do outro lado não sei,
nem saber é meu ofício,
o que de mim será feito
pois lá sei que não serei
dono do meu escolher.

Por isso prefiro amar,
neste fim de madrugada
em que a vida recomeça,
quem de mim se faz distante
só por ter sido o que fui.
Fiz coisas além do sonho
que não sonhei em menino.
Fiz estrelas assombrosas,
com meu corpo dei delírios,
meus pés rasgaram caminhos
que de instintos inventei.
Construí constelações
no corpo que me abraçou.

Mal respirando, a menina
que em terra verde encontrei,
nos meus braços levantei

para entregá-la, assombrado
da miséria, a quem dizia:
não sofra, isso é todo dia,
é gente de pouca sina.

Posso dizer: preparado
estou para atravessar
agora mesmo estas águas.
Viajei sempre na proa,
não sou homem de porão.
Se a alguém na vida fiz dano,
se servi de chão de engano,
escrevo sereno e digo:
não foi fruto do meu coração.
A vida invade as vontades,
leva a rumos transviados
os pés do sonho dos homens.
Sei que os tempos, no plural,
os tempos estão chegados
para o sonho atravessar.

Porém muito mais que o tempo
e muito mais do que o rio
caudaloso que me leva
para a escurecida margem
— me importa ser o menino
nadando forte no rio
no meio do temporal,
levando nos meus cabelos,
nas mãos, nos olhos, no peito,

o pendão de uma certeza:
— estou bem perto da margem,
mas ainda me faltam águas,
e enquanto não chego lá
(a morte não vale mágoas)
posso dizer: estou vivo,
preparado para amar.

O tempo dentro do espelho

O tempo não existe, meu amor.
O tempo é nada mais que uma invenção
de quem tem medo de ficar eterno.
De quem não sabe que nada se acaba,
que tudo o que se vive permanece
cinza de amor ardendo na memória.

Amor que mede o seu tempo
para saber se perdura
talvez não tenha aprendido
que a eternidade se acaba
no instante em que se inaugura.

As estranhezas humanas

A Otto Lara Resende

Não quero mais o motivo
das coisas, nem mais cobiço
as verdades que se escondem,
avaras, no âmago límpido
das estranhezas humanas.
Foi-se-me a fome de nuvens,
foi no escuro, antes da aurora.

Trava-me o gosto da vida,
de tão pesada, esta absurda
precisão que tem meu ser
de ser sempre inteiramente,
sempre intensamente: em tudo.
Sobretudo no saber.
Contudo, jamais alcanço
sequer a fímbria da sombra
do saber que em vão persigo.

Não quero mais os motivos.
As coisas que me sucedam
a seu gosto: em meu desgosto
hei de fronteá-las. O mundo
que avance conforme a lei

(se é que mistério tem lei)
que rege e gera as razões
com que engana, cauteloso,
a todos que lhe moramos.
As mágoas que me chegarem
— e também as desventuras,
desalentos, solidões —
não lhes irei mais às causas
(as ganas já me murcharam
de ir aos côncavos, aos bojos):
simplesmente as sofrerei
— como quem sofre, fazendo
de conta que está fingindo.
Assim vai ser. Não me quero
nem a própria explicação.
Capenga me siga o ser,
tonto me avance o vagar,
a cada passo pungindo
fundo em mim.

Pode pungir:
além não vou (sempre, ou só
agora e aqui?) da certeza
que as coisas trazem na cara
e nas mãos, quando sucedem.
O que escondido restar,
que reste.
Já me cansei
de mergulhos
— sempre vãos,

sofridos sempre —
em funduras
onde peixes lisos, frios
e invisíveis, acalantam
com ferrões feitos de nada
o desencanto da vida.
Assim me sonho. Entrementes,
me transpareço e me aceito:
— não tenho jeito, a não ser
o jeito de ser sem jeito.

1

A palavra desconfia

A palavra desconfia do poeta
como a mulher do homem.
Ambas se presumem atraiçoadas.
Inseguras, medrosas do destino
que lhes darão, do chão por onde as levam,
quando elas é que são as infiéis;
sabem ser tantas dentro de uma só.
Estrelada, a palavra se insinua,
me deslumbra, mas quando quero tê-la,
ela se esquiva, mal permite a pele
e inefável me espia impenetrável.

Último poema do marinheiro

O marinheiro encontrou o seu caminho no mar.
Mas uma noite, de repente,
o mar foi vazando, vazando,
até que secou, completamente.

Seu barco, solitário
sobre o fundo do abismo,
torna-se uma coisa grotesca e sem sentido.

Estrangeiro entre os homens da terra,
caminha o marinheiro por estradas inúteis,
levando nos olhos um mistério verde
e na boca o amargor de tanto sal.

Contudo, nas noites de muito vento,
debruça-se na amurada do tempo
e, enquanto espera o retorno do mar,
inaugura caminhos de cinza e de nada.

Mormaço de primavera

Entre chuva e chuva, o mormaço.
A luz que nos entrega o dia
não dá ainda para distinguir
o sujo do encardido,
o fugaz, do provisório.
A própria luz é molhada.
De tão baça, não me deixa
sequer enxergar o fundo
dos olhos claros da mulher amada.

Mas é com esta luz mesmo,
difusa e dolorida,
que é preciso encontrar as cores certas
para poder trabalhar a primavera.

1971, nos campos de Cautín.

O poema e o papagaio

Tudo é dança.

O papagaio está pronto,
só falta agora empinar.
O poema vai percorrer
o vento que merecer.

Como flecha, como dança
o papagaio no céu!
O poema parece imóvel,
mas lateja no papel.

Silêncio e palavra

I

A couraça das palavras
protege nosso silêncio
e esconde aquilo que somos.

Que importa falarmos tanto?
Apenas repetiremos.

Ademais, nem são palavras.
Sons vazios de mensagem,
são como a fria mortalha
do cotidiano morto.
Como pássaros cansados,
que não encontraram pouso
certamente tombarão.

O tempo madura a fruta,
turva o fulgor da esperança.
Na suavidade da treva
urde o resplendor da rosa.
Mas não ensina a palavra
de pétalas de esmeralda
que o homem noturno espera
florescer da nossa boca.

II

Se mãos estranhas romperem
a veste que nos esconde,
acharão uma verdade
em forma não revelável.
(E os homens têm olhos sujos,
não podem ver através.)

Chegará quem sabe o dia
em que a oferenda dos deuses
dada em forma de silêncio,
em palavra transfaremos.

E se porventura a dermos
ao mundo, tal como a flor
que se oferta — humilde luz —,
teremos então cumprido
a missão que é dada ao poeta.
E como são onda e mar,
seremos homem e palavra.

O ofício de escrever

Para Tenório Telles

Lendo é que fico sabendo:
o que escrevi já caiu
na vida. Não me pertence.
Leio e me assombro: as palavras
que arrumei com paciência,
severo de inteligência,
cuidando bem da cadência,
perseverante, escolhendo,
não escondo, as mais sonoras
e as que gostam mais de mim,
dando a cada uma o lugar
merecido no meu verso
(que desta ciência os segredos
me deu o tempo de ofício,
um exercício de amor),
pois as palavras começam
a dizer coisas que nunca
ousei pensar nem sonhar,
pássaros desconhecidos
pousando no meu pomar.

É quando descubro: a rosa
— rosa em carne de palavra,

não a rosa da roseira —
que chamei para o meu poema,
rosa linda, venha cá,
venha enfeitar o meu canto,
se transmuda, mal a leio,
num sonho que vai se abrir,
no espinho que vai ferir.

Só nesse instante descubro
que a rosa, para ser rosa,
no esplendor da identidade
com qualquer rosa do mundo
precisa ser inventada
pelo milagre do verbo.

Cantiga quase de roda

Na roda do mundo
lá vai o menino.
O mundo é tão grande
e os homens tão sós.
De pena, o menino
começa a cantar.
(Cantigas afastam
as coisas escuras.)
Mãos dadas aos homens,
lá vai o menino,
na roda da vida
rodando e cantando.
A seu lado, há muitos
que cantam também:
cantigas de escárnio
e de maldizer.
Mas como ele sabe
que os homens, embora
se façam de fortes,
se façam de grandes,
no fundo carecem
de aurora e de infância
— então ele canta
cantigas de roda
e às vezes inventa
algumas — mas sempre
de amor ou
de amigo.

Cantigas que tornem
a vida mais doce
e mais brando o peso
das sombras que o tempo
derrama, derrama
na fronte dos homens.
Na roda do mundo
lá vai o menino,
rodando e cantando
seu canto de infância.
Pois sabe que os homens
embora se façam
de graves, de fortes,
no fundo carecem
de claras cantigas
— senão ficam ocos,
senão endoidecem.

E então ele segue
cantando de bosques,
de rosas e de anjos,
de anéis e cirandas,
de nuvens e pássaros,
de sanchas senhoras
cobertas de prata,
de barcas celestes
caídas no mar.
Na roda do mundo,
mãos dadas aos homens,
lá vai o menino

rodando e cantando
cantigas que façam
o mundo mais manso
cantigas que façam
a vida mais justa,
cantigas que façam
os homens mais crianças.

EPITÁFIO

O canto desse menino
talvez tenha sido em vão.
Mas ele fez o que pôde.
Fez sobretudo o que sempre
lhe mandava o coração.

Madrugada camponesa

Madrugada camponesa,
faz escuro ainda no chão,
mas é preciso plantar.
A noite já foi mais noite,
a manhã já vai chegar.

Não vale mais a canção
feita de medo e arremedo
para enganar solidão.
Agora vale a verdade
cantada simples e sempre,
agora vale a alegria
que se constrói dia a dia
feita de canto e de pão.

Breve há de ser (sinto no ar)
tempo de trigo maduro.
Vai ser tempo de ceifar.
Já se levantam prodígios,
chuva azul no milharal,
estala em flor o feijão,
um leite novo minando
no meu longe seringal.

Já é quase tempo de amor.
Colho um sol que arde no chão,
lavro a luz dentro da cana,
minha alma no seu pendão.

Madrugada camponesa.
Faz escuro (já nem tanto),
vale a pena trabalhar.
Faz escuro mas eu canto
porque a manhã vai chegar.

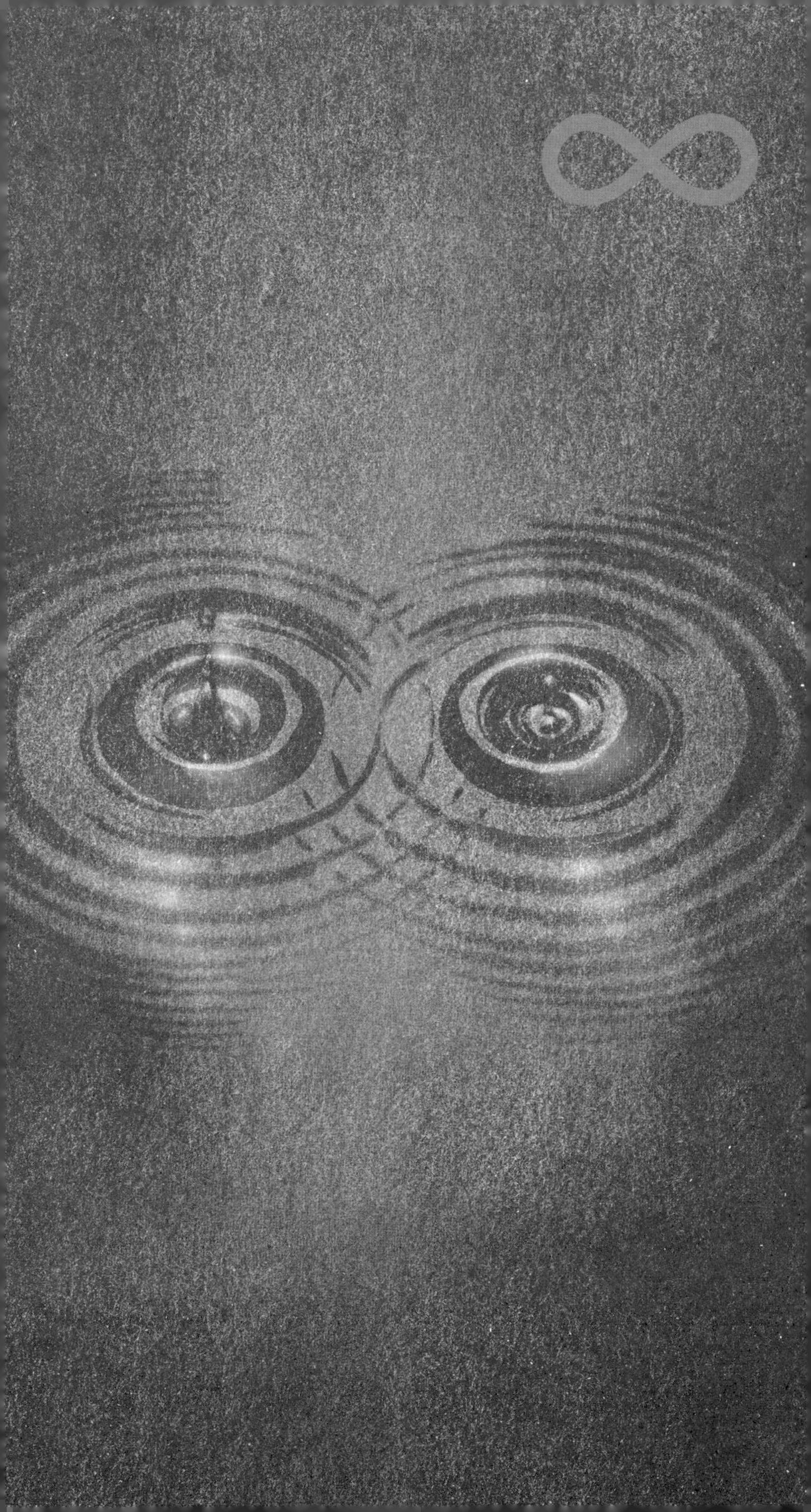

O animal da floresta

De madeira lilás (ninguém me crê)
se fez meu coração. Espécie escassa
de cedro, pela cor e por conter
no seu âmago a morte que o ameaça.
Madeira dói? pergunta quem me vê
os braços verdes, olhos cheios de asas.
Por mim responde a luz do amanhecer,
que recobre de escamas esmaltadas
as águas grandes que me deram raça
e pulsam nas origens do meu ser.
No crepúsculo estou da ribanceira
entre as estrelas e o chão que me abençoa
as nervuras. Já não faz mal que doa
meu bravo coração de água e madeira.

Thiago de Mello

Amazonense das barrancas do Paraná dos Ramos, um afluente do Amazonas, Thiago nasceu (1926) em Barreirinhas.

"Nascido à beira do rio, crescido no cheiro da mata, vem, há mais de meio século, cantando a vida e a liberdade e combatendo, como um bravo, em todas as batalhas pela proteção da natureza e contra tudo que ameaça e fere a nobreza da condição humana." *

Poeta e diplomata (demitiu-se após o golpe de 1964), foi amigo e tradutor de grandes poetas latino-americanos. Mas a sua poesia, amorosa e libertária, permanece como sua grande obra.

Traduzido e publicado em muitos países, é extensa a sua bibliografia.

O poeta vive hoje no coração da floresta, à beira do rio Andirá, na casa que Lúcio Costa inventou para ele.

*Armando Nogueira na orelha de *Amazonas, pátria da água* (São Paulo, Boccato, 2007).

Luciano Tasso

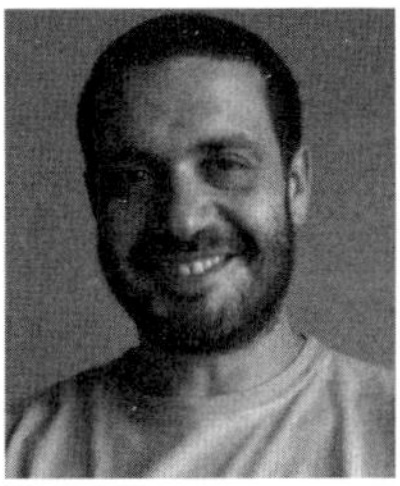

O ilustrador nasceu em 1974 em Ribeirão Preto, interior de São Paulo. Formou-se em Comunicação Social pela Escola de Comunicação e Artes da USP e trabalhou durante nove anos como diretor de arte para agências de publicidade em São Paulo e no exterior.

Desde 2007 atua como ilustrador para livros e revistas e também na produção de filmes, séries animadas e histórias em quadrinhos. Em 2008 venceu o *Salão Internacional de Desenho para a Imprensa* de Porto Alegre na categoria ilustração editorial. Para a Global Editora, Luciano ilustrou *História do País dos Avessos*, de Edson Gabriel Garcia e *Meus Romances de Cordel*, de Marco Haurélio.

Obras de Thiago de Mello publicadas pela Global Editora

Poetas da América de Canto Castelhano

"Eu tenho a felicidade, neste livro, de ser fielmente traduzido para uma extensa e delicada linguagem. Aqui foram pesadas as equivalências, os minerais do substantivo, o arroz dos adjetivos, os grãos da interjeição.

Foram seguidas as veias da minha poesia, limpando o quartzo castelhano para que este enfrentasse a luz torrencial.

Tudo isso foi feito com bondade e paixão pelo meu grande amigo e bom companheiro, o poeta Thiago de Mello. Eu próprio o vi emboscado em minhas contradições, desfraldando o fogo e a água com o seu valente coração. Eu o vi trabalhar com uma paciência que não lhe conhecia, e meter as mãos na farinha para que, de tanta pedra, saíra, como dizem os camponeses, o pão como uma flor."

Pablo Neruda, no prefácio da primeira antologia de seus poemas que apareceu no Brasil (Rio de Janeiro, Letras e Artes, 1963).

Melhores Poemas Thiago de Mello

"O poeta Thiago de Mello toma tão de assalto seu lugar entre os melhores poetas do Brasil, que parece um salteador ou ladrão. Mas é simplesmente um poeta que fez o seu aprendizado em silêncio.

Que guardou seus cadernos de caligrafia em vez de publicá-los.

Que decidiu só aparecer com a letra já segura de um mestre."

Gilberto Freyre

"Thiago de Mello é um homem aberto aos anseios coletivos do povo brasileiro. É e sempre será uma voz que canta, por mais impenetrável que pareça, a escuridão da hora que atravessamos. Há anos irrompeu ele como uma força elementar na paisagem idílica da literatura brasileira de então. Hoje, esse homem das selvas amazônicas nos reaparece como um partisan, abrindo uma brecha na selva da violência que ameaça engolir-nos. Abre uma clareira."

Otto Maria Carpeaux